AF235575

Das große Bankgeheimnis

Versuch einer Erklärung unseres Geldes

© 2024 Dirk Heinen
Herstellung und Verlag:
BoD – Books on Demand, Norderstedt
ISBN: 9783751960656

Inhalt

Vorbemerkung

Unter Bankgeheimnis versteht man nach gängiger Auffassung die Praxis der Banken, Dritten keine Auskunft über Einlagen und Transaktionen ihrer Kunden zu geben. Das viel größere „Geheimnis" ist aber die verbreitete Unkenntnis vom Bankwesen an sich.

Was ist Geld und wie entsteht es? Was machen Banken, wenn sie Kredite vergeben und was ist mit einer Banklizenz möglich? Welche Verantwortung für das Funktionieren einer Währung haben vor diesem Hintergrund Staaten, Zentral- und Geschäftsbanken? Wer Antworten auf diese Fragen sucht und sich für die Mechanik unserer Geldsysteme interessiert, der kann im Folgenden sowohl etwas über Geldtheorie erfahren als auch mit vereinfachten Fallbeispielen die Zusammenhänge nachvollziehen.

Ohne solche Vereinfachungen bleibt das Thema Geld „Expertensache". Es einer breiteren Schicht zugänglich zu machen ist meine Intention. Sollte ich mich dabei in wesentlichen Punkten irren, dann bitte ich Sie, als meine kritischen Leser, mir das mitzuteilen: heinen.dirk@web.de.

München im Januar 2024

Geld und Eigentum

In einer Eigentumsökonomie gehören Geld und Eigentum untrennbar zusammen. Diesen Zusammenhang beschreiben etwa die Ökonomen Gunnar Heinsohn und Otto Steiger in ihrem erstmals 1996 erschienenen Werk „Eigentum Zins, und Geld – Ungelöste Rätsel der Wirtschaftswissenschaft". Sie erklären Geld, seine wertmäßige Deckung und vor Allem seine Entstehung eigentumstheorethisch.

Eigentum, dieser zentrale Begriff von Heinsohn und Steiger, ist unbedingt juristisch zu lesen. Es ist ein Sammelbegriff für bestimmte Rechte an einer Sache wie etwa das Verkaufsrecht, das Verpfändungsrecht, das Recht zu verschenken oder zu verleihen. Eigentums- und Geldfragen sind somit auch sofort Fragen nach der Rechtsordnung in einer Gesellschaft: wer darf Eigentümer sein? Wie wird diesem Recht zur Geltung verholfen? Die sogenannten modernen Gesellschaften (das sind für Heinsohn und Steiger die post-feudalen Gesellschaften) sind Eigentumsgesellschaften was bedeutet, dass jedes Mitglied der Gesellschaft Eigentümer sein kann und dass dieses Recht von einer rechtsstaatlichen Gewalt garantiert und durchgesetzt wird.

In so einer Eigentumsordnung entsteht Geld in einem Kreditvertrag zwischen Gläubiger und Schuldner. Auch hier ist wieder das Recht die Voraussetzung, nämlich das Vertragsrecht. Ein Kreditvertrag besteht laut Heinsohn und Steiger im Wesentlichen aus drei Elementen: Erstens, der Blockierung der Eigentumsrechte des Gläubigers an einer Sache, zweitens dem Zins und drittens dem Pfand des Schuldners. Gehen wir auf diese drei Elemente näher ein:

1. Unter Blockierung von Eigentumsrechten ist zu verstehen, dass der Gläubiger für die Dauer des Kreditvertrages auf Eigentumsrechte an einer Sache verzichtet, also etwa darauf verzichtet sein Eigentum

zu verkaufen. In einer Eigentümergesellschaft, die Handel treibt, ist der Handelswechsel unter Kaufleuten etwa ein Dokument über eine solche Blockierung von Eigentumsrechten und historisch eng verbunden mit der Entstehung unseres modernen eigentumsbasierten Geldwesens. Mit dem Handelswechsel gewährt ein Kaufmann als Gläubiger seinem Kunden einen befristeten Aufschub der Gegenleistung nach Warenlieferung, blockiert seine Eigentumsrechte an der gelieferten Ware für eben diese Frist und dokumentiert all das zusammen mit dem Namen seines Kunden als in diesem Vertrag Bezogen d.h. als Schuldner. Der Handelswechsel ist ein Kreditvertrag der es dem Schuldner ermöglicht Güter zu nutzen auch ohne bereits in ihrem Eigentum zu sein, während der Gläubiger seinerseits auf die Ausübung seiner Eigentumsrechte für die Vertragsdauer verzichtet. Dies ist die Bedeutung der Blockierung von Eigentumsrechten im Kreditvertrag zwischen Gläubiger und Schuldner. Fügt man dem Wechsel jetzt noch einen nominalen Wert zu, etwa 100, dann ist jetzt bereits durch Gläubigereigentum gedecktes Kreditgeld entstanden, emittiert im Namen des Gläubigers. Eine solches Geld setzte sich in dem Maße als anerkanntes Zahlungsmittel durch, in dem Vertrauen in die blockierten Eigentumswerte des Gläubigers bzw. Emittenten einschließlich seiner Vollstreckungsmacht in das Schuldnereigentum bestünden.

2.   Der Zins in der Eigentumstheorie des Geldes ist die Kompensation für jenen beschriebenen zeitlichen Verzicht auf Eigentumsrechte durch den Gläubiger. Im Beispiel des Handelswechsels drückt sich dies indirekt über das Skonto aus, das der Gläubiger seinem Kunden und Schuldner für vorfristige Gegenleistung gewährt, einem Nachlass auf den

vereinbarten Kaufpreis, in unserem Beispiel 100. In der ökonomischen Theorie ist der Zins die Folge der menschlichen Zeitpräferenz der Befriedigung von Bedürfnissen und wird auch als Urzins bezeichnet. Er ist theoretisch Teil des Marktzinses der sich auf dem Kreditmarkt bildet. Diese ökonomischen Zusammenhänge seien nur zur Ergänzung und ohne weitere Vertiefung genannt, da sie für die folgende Betrachtung nicht relevant werden.

3. Das Pfand besteht aus Eigentumsrechten des Schuldners, die an den Gläubiger für den Fall übergehen, in dem der Schuldner nicht in der Lage ist fristgerecht dem Gläubiger eine Gegenleistung zu erbringen. Pfänder können alles möglich sein, etwa auch die künftige Arbeitsleistung bzw. künftiges Arbeitseinkommen des Schuldners, letztendlich ist das Verhandlungssache der Vertragspartner.

Es ist wohl am besten evolutionär, das heißt durch Spezialisierung und Marktgesetze, zu erklären, dass sich das Geld jenes Emittenten als allgemein anerkanntes Zahlungsmittel durchsetzt, der über das wertstabilste Deckungseigentum verfügt. Dabei ist es völlig irrelevant ob sich Geld in Form von Münzen, Papier oder elektronisch mit Bits und Bytes materialisiert. Was wir hier jetzt vor uns ausgebreitet sehen, ist der Entstehungsprozess des modernen Bankwesens, welches in seiner fortlaufenden Ausdifferenzierung zwei, für die weiteren Betrachtungen wesentliche Archetypen, hervorgebracht hat: Geschäftsbanken und Notenbanken. Darauf werden wir in den folgenden Kapiteln zurückkommen.

Kehren wir noch einmal zu unserem Kreditgeldschöpfungsbeispiel im Handelswechsel zurück und nehmen wir an, unser Wechselaussteller würde nicht selbst monetarisieren (wie oben angenommen), sondern dies einer darauf spezialisierten Emissionsbank bzw. Notenbank übertragen. Eine solche Bank monetarisiert den Wechsel, als marktgängiges Wertpapier, über die Hereinnahme in die Vermögensseite ihrer Bilanz und gibt im Gegenzug eine Banknote mit einem Nominalwert an den Wechselaussteller aus, was als entsprechende Verbindlichkeit auf der Gegenseite der Bilanz verbucht wird. Die wertmäßige Deckung der Banknote ist also weiterhin Gläubigereigentum wie im Wechsel dokumentiert, was sich auch über den Verbindlichkeits- bzw. Schuldcharakter der emittierten Banknote zeigt. Die beschriebene Operation wird als Diskontierung bezeichnet, da hier die Bank den Wechsel mit einem wertmäßigen Abschlag, dem sog. Diskontsatz „ankauft" und damit dem Wechselwert gewissermaßen seinen Zinsanteil entzieht. Für unseren Gläubiger bleibt die Banknote eine Forderung gegen das Vermögen der Bank, implizit gegen sein eigenes im Wechsel belastetes Vermögen. Die direkte Eigentumsbeziehung ist jetzt aber aufgehoben womit sich seine Forderung als Geldbesitzer nur noch allgemein an das Bankvermögen richtet. Der Forderungstitel gegenüber den im Wechsel bezogenen Schuldner geht mit diesem „Ankauf" ebenso implizit an die Bank über.

Das Geld in Eigentumsgesellschaften ist seiner Natur nach und allgemein gesprochen ein solches Kredit- oder eben auch Schuldgeld, besichert durch Gläubigereigentum und mit Forderung gegenüber Schuldnern verbunden. Mit jedem neuen Euro oder Dollar ist neues Gläubigereigentum belastet worden und auch eine neue Schuld in gleicher Höhe in die Welt gesetzt. Jede Kredittilgung durch Schuldner löst diese Verbindung wieder auf und entspricht folgerichtig einer Vernichtung von Geld. Die Notenbank zieht die Banknote in einem solchen Fall ein und löscht damit ihre Verbindlichkeit genauso wie den Forderungstitel aus der Bilanz.

Ein kurzer Blick soll hier auch noch auf die Wirkungsweise des Zinses in einem solchen System geworfen werden. Es ist nicht zu bestreiten, dass der für einen Kredit übliche Zins mit Kreditvertragsabschluss nicht als Geld bzw. Banknote geschöpft wurde und dass dadurch systembedingt die Gefahr einer Zahlungsunfähigkeit entsteht, falls nicht neues Geld geschöpft und in Umlauf gebracht wird. Wenn nur 100 geschöpft wurden, der Schuldner aber bei 10% Zins 110 zurückzahlen soll, dann geht das nicht anders. Dies muss nicht zwangsläufig in eine exponentielle Geldmengenvermehrung führen, wie oft behauptet wird. Es bedeutet aber, dass Insolvenzen zu dieser Form des Wirtschaftens dazu gehören. Darüber, und über die Dynamik die sich so entfaltet, kann und sollte man streiten.

Über die Institutionalisierung bzw. Monopolisierung sind im Laufe der Zeit Zentralbanken entstanden, die, eingebettet in staatliche Strukturen, das Privileg der exklusiven Geldschöpfung haben – vor allem durch den wie oben beschriebenen Ankauf von marktgängigen schuldbasierten Wertpapieren, wie unserem Handelswechsel oder aber verschiedenster privater und vor allem staatlicher Schuldtitel.

Die eigentliche Forderung gegen Vermögen der Zentralbank lässt sich nur noch auf wenigen Banknoten erkennen. So berechtigt etwa das englische Pfund seinen Besitzer auf Herausgabe eines Pfund Sterlingsilbers bei der Bank of England zu bestehen, was zeigt, dass hier auch Vermögensgegenstände, die nicht Schuld- bzw. Kreditcharakter haben, die emittierte Geldmenge decken. Auf dem US Dollar steht dazu nur noch zu lesen „This note is legal tender for all debts, public and private" und „In god we trust".

Exkurs: Bilanzen

Dieser Exkurs über Bilanzen ist wichtig, um die folgenden Fallbeispiele zur Geldschöpfung und der damit verbundenen Währungsstabilität nachvollziehen zu können. Ich möchte hier betonen, dass ich kein Bilanzierungsfachmann bin und mir bewusst ist, dass ich hier mit sehr groben Vereinfachungen arbeite. Ich denke dennoch, dass diese Vereinfachungen für unseren Zweck hinreichend korrekt sind.

Die Bilanz ist eine Kapitalaufstellung einer, im weitesten Sinne gefassten, juristischen Entität, und zwar von zwei Seiten her. Die linke Seite der Bilanz listet die in Geldeinheiten bewerteten Vermögensgegenstände, Aktiva genannt. Auf der rechten Bilanzseite sehen wir die Positionen der Kapitalgeber, Passiva genannt und in Summe immer wertgleich mit der Vermögenseite. In der Regel ist der Zweck einer solchen Entität, eine gewinnorientierte Bewirtschaftung des Vermögens. Dazu ein Beispiel:

Aktiva		Passiva	
500.000	Vermögens-gegenstände	400.000	FK
		100.000	EK
500.000		500.000	

Es sei hier eine Bilanz mit Vermögensgegenständen im Wert von 500.000 angenommen. Auf der rechten Bilanzseite stehen die Kapitalgeber dieses Vermögens und ihre jeweiligen Anteile in zwei Klassen: Das sind einmal die Fremdkapitalgeber und ihr Kapital (Fremdkapital FK) und dann die Eigenkapitalgeber und ihr Kapital (Eigenkapital EK). In unserem Beispiel hier sind das

400.000 FK und 100.000 EK. Die Unterschiede zwischen FK und EK liegen in den Anspruchstiteln gegenüber dem Vermögen (z.B. ein befristeter Kredit mit Zinslast beim FK) und ihrer Behandlung im Falle einer Insolvenz. Das EK entsteht buchhalterisch und ist immer die Differenz zwischen Vermögen und FK. Je nach Veränderung dieser beiden Größen innerhalb einer Rechnungsperiode entsteht so ein Bilanzgewinn oder – verlust, der die Höhe des EK entsprechend verändert. Ist der Verlust höher als das EK, spricht man vom Bankrott.

Vermögenspositionen unterliegen natürlichen Wertschwankungen, etwa durch Abnutzung und einer entsprechenden Abschreibung darauf oder aber auch durch die Mechanismen des Marktes. Je nach Bilanzierungsvorschriften müssen Vermögensgegenstände zu Marktpreisen bewertet werden, was auch ohne explizite Bewirtschaftung einen Gewinn bzw. Verlust bewirkt. Dieser Umstand wird im Folgenden etwa im Zusammenhang mit der Bewertung von Staatsanleihen noch wichtig werden.

Währung, Staat und Zentralbanken

Eine Währung funktioniert nur, wenn man ihr vertrauen kann. Das bedeutet konkret, dass die im Umlauf befindliche Geldmenge durch wirkliche Werte, durch Vermögensgegenstände gedeckt ist und jederzeit gegen diese getauscht werden kann. Das bedeutet genauso, dass über funktionierende Märkte eine Preisbildung und damit Bewertung solcher Vermögensgegenstände stattfindet. Schließlich bedeutet es auch, dass eine Rechtsordnung wirklich existiert, also Eigentum geschützt ist und das entsprechende Recht auch durchgesetzt wird. All dies mag sehr abstrakt klingen. Lassen wir uns nicht und von Niemandem über die gewaltige Bedeutung dieser politischen, rechtlichen und ökonomischen Voraussetzungen hinwegtäuschen! Das folgende Fallbeispiel soll genau in diesem Sinne erklären welche Rolle Staaten und Zentralbanken hierbei spielen und welche Verantwortung sie für Stabilität und Vertrauenswürdigkeit einer Währung haben.

Sehen wir uns eine typische aber stark vereinfachte Bilanz einer Zentralbank an. Eine Zentralbank hat z.B. im Rahmen einer staatlichen Ordnung das exklusive Recht, Geld als gesetzliches Zahlungsmittel zu schöpfen und in Umlauf zu bringen. Auch hier muss ich wieder betonen, dass eine solche Monopolstellung von gewaltiger Bedeutung nicht nur für ökonomische Entwicklungen ist. Zum gesetzlichen Zahlungsmittel macht dieses Geld die Verpflichtung, Steuern und Abgaben an den Staat und zwar ausschließlich mit diesem Geld zu bezahlen. Dazu kommt eine gesetzlich bestimmte Annahmepflicht dieses Geldes für Zahlungen im privaten Sektor. Auf diese Weise entsteht eine vom Staat erzwungene Nachfrage nach genau diesem Geld, was wiederum auf keinen Fall in seiner Wirkung zu unterschätzen ist. Zu unserem Beispiel:

Aktiva		Passiva	
700.000.000	Staatsanleihen (zu Marktpreis)	950.000.000	Nominalwert Banknoten im Umlauf (= FK)
200.000.000	Auslandsforderungen (zu Wechselkurs Devisenmarkt)		
100.000.000	Gold und Goldforderungen (zu Marktpreis)	50.000.000	EK
1.000.000.000		1.000.000.000	

Auf der Passivseite unserer Bilanz ist die gesamte in Umlauf gebrachte Geldmenge zu ihrem Nominalwert, dem auf den Geldscheinen oder Münzen aufgedruckten oder geprägten Wert, ausgewiesen. Bilanztechnisch handelt es sich um FK. Dazu später mehr. Es sind hier 950.000.000 in Eigenwährung, d.h. in der Währung die diese Zentralbank exklusiv für ihren staatlich definierten Geltungsbereich in Umlauf bringt. Auf der Aktivseite stehen die Vermögenspositionen, welche diese Geldmenge wertmäßig decken, welche gegen Vorlage der Banknoten herausgegeben werden müssen. Es sind ganz typische Bilanzpositionen für eine Zentralbank einer Volkswirtschaft, die Außenhandel betreibt und bei der sich Geschäftsbanken refinanzieren, d.h. sich das für ihr Kreditgeschäft nötige Zentralbankgeld besorgen. Dazu mehr im nächsten Kapitel.

Der Reihe nach. An oberster Stelle der Aktivseite stehen Staatsanleihen, zu einem Marktwert von 700.000.000. Kann eine Regierung ihre geplanten Ausgaben nicht über Steuern und Abgaben finanzieren, so kann sie im Namen

13

ihrer Staatsbürger auch Kredit am Markt aufnehmen, sich also Geld im Umlauf für eine bestimmte Frist zu einem bestimmten Zins beschaffen. Dabei dient als Pfand das Vermögen Steuern und Abgaben von den Bürgern in Zukunft eintreiben zu können. Durch eine Verbriefung dieses Kredits entsteht ein Wertpapier, eben eine Staatsanleihe, das am Markt gehandelt werden kann, einen Marktpreis bildet.

Es sind in der Masse im Übrigen die Sparkunden von Geschäftsbanken und Lebensversicherungen, die diese Anleihen zum Zweck der Vermögensbildung erwerben. In Deutschland etwa beläuft sich der Wert der Kapitalanlagen der Lebensversicherer auf rund 970 Mrd. € (Quelle: statista, 28.10.2020), bei einer Anzahl von 87,2 Mio. Versicherungsverträgen (Quelle: GDV, 2018). Die Nachfrage nach Staatsanleihen wird auch dadurch erzeugt, dass der Gesetzgeber den Versicherern vorschreibt, einen bestimmten Anteil der Spargelder ihrer Kunden in diese so genannten „mündelsicheren"[1] Anleihen zu investieren. Zynisch gesprochen bedeutet das, dass der Bürgersparer unter Abzug von Gebühren und Provisionen letztendlich nur in seine eigene Arbeitsleistung (d.h. die zukünftige Besteuerung darauf) investiert, dabei aber unmündig bleibt.

Der Markt bewertet mit dem Preis (in Wirklichkeit ist es auch der Zinssatz des Schuldscheins) der Staatsanleihen indirekt die Bonität des Staates. Agenturen liefern mit ihren Ratings eine bedeutende Referenz zu Vermögen und Bonität von Volkswirtschaften. Die Bonität, oder anders gesprochen Verschuldungsfähigkeit des Staates, gründet sich auch auf dem Umstand, dass das Arbeitsvermögen der Menschen per Erwerb der Staatsbürgerschaft in die

---

[1] Mündel: Vormundschaft (von althochdeutsch munt ‚Schirm, Schutz, Gewalt') bezeichnet die gesetzlich geregelte rechtliche Fürsorge für eine unmündige Person (Mündel, veraltet Vogtkind), der die eigene Geschäftsfähigkeit fehlt, sowie für das Vermögen dieser Person (Quelle: Wikipedia, 25.01.2024)

Vormundschaft des Staates übergeht und so den Staatsbürger im wahrsten Sinne des Wortes zum Bürgen für den Staat macht. Das sollte man verstanden haben.

Die zweite Position auf der Aktivseite ist Ergebnis eines Außenhandelsüberschusses. Ein solcher Überschuss entsteht, wenn eine Volkswirtschaft per Saldo mehr Güter oder Dienstleistungen exportiert als importiert. Es bleibt eine Forderung an das Ausland offen, die einer Kreditgewährung ans Ausland gleichkommt, durch Auslandsvermögen in ausländischer Währung gedeckt. Damit das Ausland überhaupt bei uns einkaufen kann braucht es unsere Währung, muss sie normalerweise also am Devisenmarkt gegen eigene Währung tauschen, wodurch ein Wechselkurs entsteht und ein Regulativ für einen ausgewogenen Außenhandel. Wer nämlich Geld ohne Gegenwert schöpft, der verliert theoretisch über Devisenmarkt und Wechselkurs auch seine Kaufkraft im Ausland. Dies wird in der Bilanz durch eine Bewertung zu Marktwechselkursen abgebildet. Es kann sich hier auch ganz schlicht um ausländische Banknoten handeln, die in dem oben beschriebenen Vorgang zur Finanzierung des Außenhandels gegen eigene Banknoten getauscht wurden. Einen solchen Fremdbanknotenbestand bezeichnet man als Devisen, er soll hier aber unter Auslandsforderungen subsumiert sein.

Die dritte und letzte Position ist ein Goldvorrat, der auch zum Marktpreis bewertet ist. Er ist zum Teil dadurch entstanden, dass die Zentralbank Gold am Markt „gekauft" hat, d.h. Banknoten gegen die Hereinnahme von Gold in Umlauf gebracht hat. Zum anderen entstand dieser Vorrat durch die Begleichung alter Außenhandelsüberschüsse, die in Gold abgeglichen wurden aber ohne dieses Gold physisch in hiesige Zentralbanktresore zu verbringen, was sich durch den Begriff Goldforderung zeigt. An dieser Stelle ein kleiner Exkurs über Golddeckung von Währungen, ein Thema, das immer Konjunktur hat, wenn Währungen in Krisen geraten. Was also sind die Argumente für und wider eine solche Golddeckung? Dafür spricht zunächst einmal, dass eine feste Deckung von z.B. 20% der Geldmenge wie ein Anker wirkt, eine zügellose Geldvermehrung auf der Basis qualitativ zweifelhafter Vermögensgegenstände verhindert. Die weltweit bekannte Goldmenge ist sehr konstant, kann also nicht beliebig vermehrt werden wie, im Missbrauchsfall, unser Kreditgeld. Gegen eine solche Golddeckung kann die wohl sehr ungleiche Verteilung der Goldschätze vorgebracht werden. Mit einer Golddeckung entstünden quasi wieder Geldschöpfungsmonopole – eben dort wo die Goldschätze angehäuft sind – die einen Währungswettbewerb verhinderten und damit auch die Entwicklung eines wirklich besseren Geldes.

Zurück zu unserem Fallbeispiel. Die Bewertung aller Vermögensgegenstände in unserer Bilanz zu Marktpreisen zeigt in Summe einen Wert von 1.000.000.000, der über dem Nominalwert der Geldmenge liegt. Damit ist buchhalterisch ein Gewinn entstanden in Höhe von 50.000.000 der unser EK bildet. Die Banknoten bzw. das Geld im Umlauf sind FK, weil es Forderungen der Geldbesitzer gegen das Bilanzvermögen sind. Nun wollen wir ein Szenario durchspielen: Aufgrund der zunehmenden Alterung und einem verfallenden Bildungsniveau unserer Volkswirtschaft sinken Bonität und damit Marktwert unserer Staatsanleihen auf 650.000.000. Noch schlimmer geht es unserem Handelspartner. Entsprechend der Wechselkursverfall und damit die Wertminderung unserer Auslandsforderungen auf 100.000.000. Die Abwertungen führen zu einer steigenden Nachfrage nach Gold, weil es Marktteilnehmer gibt, die in Gold so etwas wie Urgeld und eine historische Krisenwährung sehen und mit dem weiteren Verfall der Kreditgeldwährungen rechnen. Hier immerhin eine Wertsteigerung auf 120.000.000. Und so sieht unsere Bilanz jetzt aus:

Aktiva		Passiva	
650.000.000	Staatsanleihen (zu Marktpreis)	950.000.000	Nominalwert Banknoten im Umlauf (= FK)
100.000.000	Auslandsforderungen (zu Wechselkurs Devisenmarkt)		
120.000.000	Gold und Goldforderungen (zu Marktpreis)	-80.000.000	EK
870.000.000		870.000.000	

Durch die Neubewertung unserer Vermögensgegenstände ist ein Verlust von 130.000.000 entstanden, der unser gesamtes EK aufgezehrt hat und sogar eine Lücke (negatives EK) von 80.000.000 in unsere Bilanz gerissen hat. Wenn wir jetzt nicht Vermögenswerte in dieser Höhe nachschießen sind wir bankrott. Was bedeutet das für unsere Währung, also für die im Umlauf befindlichen 950.000.000? Kämen heute alle Besitzer dieses Geldes zu uns und forderten die Herausgabe des entsprechenden Vermögens – es wäre nicht genug da um alle zu bedienen. Schließlich würde das Vermögen unter allen Geldbesitzern aufgeteilt, aber der tatsächliche Wert der 950.000.000 wäre real gesunken auf 870.000.000. Mehr ist an Vermögen schlicht nicht mehr vorhanden. Mithin hat unsere Währung einen realen Wertverlust von rund 9% erlitten.

Nehmen wir jetzt an, die Regierungen beider Staaten (unser Staat und der Staat der als unser Handelspartner in Erscheinung tritt) entschieden sich für ein über weitere Staatsschulden finanziertes „Rettungsprogramm" und die

Ausgabe dementsprechender neuer Staatsanleihen in Höhe von 300.000.000. Zwischen dem Begeber der Staatsanleihe – im Kern handelt es sich hierbei wie gesagt um ein mit dem Pfand der Steuereintreibung besichertes Wertpapier mit Schuldcharakter – und der Zentralbank stehen in dieser Operation noch die Geschäftsbanken und der Markt für Staatsanleihen als Akteure und Mittler. Außerdem gibt es Vorschriften über die Qualität von Anleihen (gemäß den Ratings von Ratingagenturen) die eine Zentralbank zur Monetarisierung ankaufen darf. Werden diese Vorschriften ausgesetzt und Anleihen schlechter Qualität (sogenannte Junkbonds) angekauft, dann hat dies implizit natürlich einen Einfuss auf die wertmäßige Deckung des Zentralbankgeldes. In Wirklichkeit entspricht auch die Menge der für den Ankauf der Anleihen neu ausgegebenen Banknoten nur einem Bruchteil des Kreditvolumens, was mit den Möglichkeiten von Geschäftsbanken zur Buchgeldschöpfung zu tun hat. Dazu mehr im nächsten Kapitel.

Nehmen wir weiter an, die zugehörigen Zentralbanken „kauften" nun alle neu angebotenen Staatsanleihen gegen Ausgabe neuer Banknoten auf und stellten sie zum Ausgabewert (was in diesem Extremfall dem Marktwert entspräche) in die Bilanzen, dann sähe das ganze jetzt so aus:

Aktiva		Passiva	
1.000.000.000	Staatsanleihen (zu Markt-preis)	1.250.000.000	Nominalwert Banknoten im Umlauf (= FK)
200.000.000	Auslandsfor-derungen (zu Wechselkurs Devisen-markt)		

18

150.000.000	Gold und Goldforder-ungen (zu Marktpreis)	100.000.000	EK
1.350.000.000		1.350.000.000	

Die Geldmenge ist nochmal um 300.000.000 gewachsen. Eine Preisbildung am Markt findet nicht mehr statt. Damit scheint die neue Geldmenge bilanztechnisch gedeckt, es kann sogar wieder ein Gewinn ausgewiesen werden. An den Fundamentaldaten zur Bonität hat sich natürlich nichts geändert, sie sind wahrscheinlich schlechter geworden. Die Marktteilnehmer können dies nur noch über eine weiter steigende Goldnachfrage und damit über einen steigenden Goldpreis zeigen. Obwohl unsere Währungen an Wert verloren haben, dürften die Schlagzeilen lauten: „Bankrott abgewendet", „Liquiditätsspritze von 300.000.000 für Wachstum", „notwendige Transformation" oder „Beruhigung der Märkte", „Refinanzierung der Staaten zu fairen Konditionen wieder möglich", „Kampf den Spekulanten!", „Notenbankgewinn von 100.000.000 freut den Finanzminister", „Holt unser Gold heim!".

Immer lauter würden wohl auch die Stimmen, die in solchen Operationen eine steigende Inflationsgefahr sehen. Tatsächlich erleben wir etwa im Euro-Raum in jüngerer Zeit nun auch Preissteigerungen bei Gütern des täglichen Bedarfs, eine Entwicklung, die bei Vermögensgütern wie Immobilien in Spitzenlagen oder Aktien und Edelmetallen längst läuft und mit wachsender Produktivität bzw. wachsendem Volksvermögen nicht zu erklären ist. Bei Letztgenanntem spricht man geläufig von der „Asset Price Inflation", also einer Inflation der Preise von Vermögensgütern im Gegensatz zu Konsumgütern. Was plausibel und wie bei diesen Vermögensgegenständen evident scheint, lässt sich auch mit ökonomischer Theorie stützen.

Eine wachsende Geldmenge führt bei stagnierender Güterproduktion zwar nicht unmittelbar zu Preissteigerungen. Mitentscheidend ist die Umlaufgeschwindigkeit des Geldes, also die Häufigkeit mit der das Geld tatsächlich auch für den Kauf ausgegeben wird. Liegt es nur zuhause unter dem sprichwörtlichen Kopfkissen, dann wird es nicht preiswirksam. In der Ökonomie gilt aber ebenso die Theorie vom Grenznutzen, die eine menschliche Verhaltensweise beschreibt. Sie besagt, dass der Nutzen eines bestimmten Gutes bei steigender Menge abnimmt. Dies gilt auch für das Gut Geld. Also nimmt die Bereitschaft Geld auszugeben auch mit wachsendem Geldvermögen zu, was eben die Umlaufgeschwindigkeit der Geldmenge erhöht und somit die Preise treibt. Sehen wir uns dazu einmal die Entwicklung realer Geldmengen an. Abbildung 1 zeigt die Enwicklung der Geldmengen M1 bis M3 des Euro. International[2] gibt es keine einheitliche Definition der Geldmenge. Vielmehr haben die verschiedenen Zentralbanken jeweils eigene Definitionen, die in einzelnen Punkten leicht voneinander abweichen. Im Allgemeinen ähneln sich jedoch die Definitionen, exemplarisch sind hier die von der EZB verwendeten Beschreibungen aufgelistet:

- M0 (auch Zentralbankgeld oder Geldbasis) bezeichnet den Bargeldumlauf. Darin enthalten sind sämtliche im Umlauf befindlichen Münzen und Banknoten, die sich außerhalb des Bankensystems befinden. Sie umfasst auch Sichteinlagen von Geschäftsbanken.

- Die Geldmenge M1 umfasst, wie oben erläutert, die Menge M0, besteht also aus dem im Umlauf befindlichen Bargeld sowie zusätzlich aus den Sichteinlagen der Nichtbanken. Mit dem Begriff

---

[2] Die folgenden Ausführungen über die Definition der Geldmengen sind weitestgehend übernommen von Tagesgeld.info.

Sichteinlagen werden alle Bankguthaben beschrieben, für die keine bestimmte Laufzeit oder Kündigungsfrist vereinbart wurde. Darunter fallen in erster Linie gewöhnliche Giro oder Tagesgeldkonten und ähnliche Produkte. Diese Geldmenge entspricht am ehestem dem, was wir im täglichen Gebrauch unter Geld verstehen. Zur Bedeutung von Sichteinlagen und Giralgeld mehr im nächsten Kapitel.

- In der Geldmenge M2 sind neben den Punkten aus M1 auch Einlagen enthalten, für die eine Laufzeit von bis zu zwei Jahren vereinbart wurde, außerdem alle Einlagen, für die eine gesetzliche Kündigungsfrist von höchstens drei Monaten gilt.

- Die Geldmenge M3 schließlich beinhaltet neben M2 alle Anteile an Geldmarktfonds, Bankschuldverschreibungen, Repoverbindlichkeiten und Geldmarktpapieren, die eine Laufzeit von bis zu zwei Jahren haben.

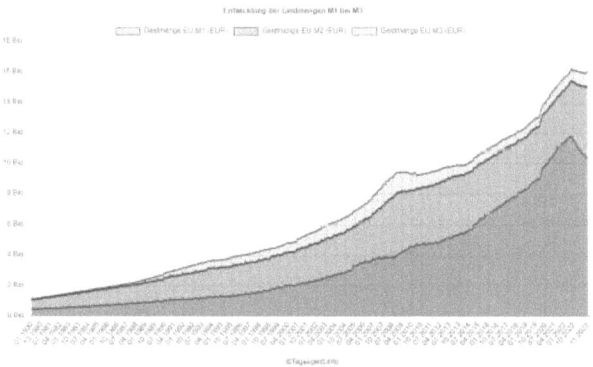

Abbildung 1: Geldmengenentwicklung Euro bzw. ECU seit 1980, Quelle: Tagesgeld.info

In Abbildung 2 und 3 sehen wir die Entwicklung der

Bilanzsumme der Europäischen Zentralbank und der Federal Reserve jeweils seit 2004. In beide Fällen ist hier die Entwicklung offensichtlich völlig entkoppelt von BIP- oder Produktivitätsentwicklung der zugehörigen Wirtschaftsräume.

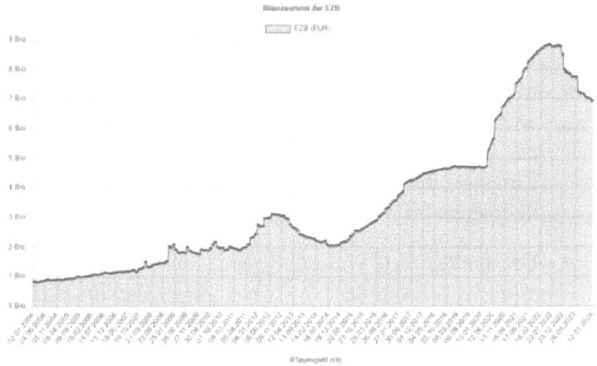

Abbildung 2: Bilanzsummenentwicklung EZB seit 2004, Quelle: Tagesgeld.info

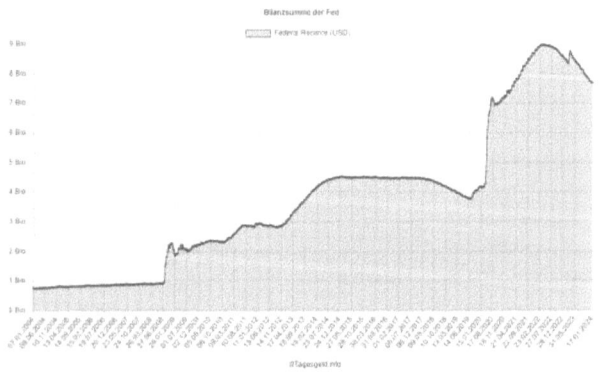

Abbildung 2: Bilanzsummenentwicklung Federal Reserve seit 2004, Quelle: Tagesgeld.info

Das gewählte Fallbeispiel sollte verdeutlichen welche Rolle der Markt für Staatsanleihen für Währungen spielt, wie eine „Finanzierung mit der Notenpresse" technisch geschieht und wie sie sich auf den Wert einer Währung auswirken muss. Im Angesicht der Operationen von Politik und Zentralbanken, wie QE (Quantitative Easing), PSPP (Public Sector Purchase Program), der Pandemiefolgenbekämpfung [3] oder „New Green Deal", muss man über die Geldwertstabilität, die freie Marktwirtschaft und insgesamt die möglichen Folgen für Freiheit und Recht ,dieser ungeheuerlichen Machtzusammenballung von Regierungen und Zentralbanken, besorgt sein.

---

[3] Wobei hier die wirtschaftlichen Folgen der Lockdowns zur Bekämpfung der CORONA-Pandemie gemeint sind.

Geld aus dem Nichts

Jetzt wollen wir uns einmal die Rolle von Geschäftsbanken für das Funktionieren einer Währung ansehen, wieder möglichst allgemeinverständlich und knapp. Hierbei wird klar werden, dass auch Geschäftsbanken Geld schöpfen, nämlich sogenanntes Buch- oder Giralgeld. Wir benutzen Giralgeld wohl täglich indem wir elektronisch bezahlen oder Überweisungen tätigen. Dennoch ist Giralgeld kein Geld im Sinne eines gesetzlichen Zahlungsmittels und seinem Wesen nach ist es nur eine Forderung gegenüber der Geschäftsbank nach gesetzlichen Zahlungsmitteln, also Zentralbankgeld. Tatsächlich macht dieses Giralgeld heute bereits den Großteil des genutzen Geldes aus. Aufgrund seines nicht physischen Charakters und seiner Entstehung per „Mouse Click" in einem Buchungssatz, wird Giralgeld auch als „Geld aus dem Nichts" bezeichnet, was nicht ganz korrekt ist mit Hinblick auf die Besicherungs- bzw. Bonitätsnotwendigkeiten bei seiner Entstehung im Kreditvertrag.

In unserem Fallbeispiel gründen wir eine Geschäftsbank, wozu wir eine Banklizenz benötigen und Gründungskapital. Diese Gründungskapital sei 1.000.000 Zentralbankgeld in bar und EK der Geschäftsbankgesellschafter. Unsere Eröffnungsbilanz sieht dann so aus:

Aktiva		Passiva	
1.000.000	Kasse	1.000.000	EK
1.000.000		1.000.000	

Jetzt vergeben wir unseren ersten Kredit an A, der sich damit ein Haus kaufen will. Wir buchen A die Kreditsumme von 500.000 auf sein Girokonto, also eine

Verbindlichkeit in unserer Bilanz und gleichzeitig eine Forderung in gleicher Höhe auf die Aktivseite unserer Bilanz. Im Kreditvertrag wird vereinbart, dass das Haus zur Kreditbesicherung an uns verpfändet wird. Das bedeutet, dass wir bei nicht vertragsgemäßer Bedienung des Kredites (z.b. Vereinbarungen zu Tilgung und Zinszahlung) Eigentumsrechte an diesem Haus bekommen, dann zum Beispiel das Haus verkaufen könnten. In der Fachsprache ist das Haus mit einer Hypothek belegt, in der Höhe der Forderung an A. Unsere Bilanz sieht nun so aus:

Aktiva		Passiva	
500.000	Forderung an A (besichert über Hypothek A)	500.000	Verbindlichkeit (Guthaben A)
1.000.000	Kasse	1.000.000	EK
1.500.000		1.500.000	

A zahlt in bar und hebt tatsächlich die 500.000 in bar bei uns ab. Der Verkäufer B, der zufälligerweise sein Konto auch bei uns eröffnet, zahlt die 500.000 auf dieses Konto wieder ein. Unsere Bilanz sieht nun so aus:

Aktiva		Passiva	
500.000	Forderung an A (besichert über Hypothek A)	500.000	Verbindlichkeit (Guthaben B)
1.000.000	Kasse	1.000.000	EK
1.500.000		1.500.000	

B ist viel „moderner" als A und bezahlt zu 95% elektronisch, also ohne Bargeld (Zentralbankgeld) zu benötigen. Nehmen wir an, dass alle übrigen Geldbenutzer eine ähnliche durchschnittliche Bargeldnachfrage wie B haben, also nur 5% ihres Kontoguthabens, so entsteht in unserer Bilanz etwas, das als Überschussliquidität bezeichnet wird. Wir haben mehr Liquidität als wir eigentlich für diese Bargeldnachfrage vorhalten müssten. Exakt sind es 975.000 zu viel (Nach der Formel: Kasse - 500.000 * 5%). Wir können demnach ein zusätzliches Kreditvolumen von sagenhaften 19.500.000 gewähren (975.000 sind 5% von 19.500.000). Gemäß Bankenaufsicht müssen wir derzeit 1% unserer Kundeneinlagen in bar vorhalten. Wir hätten also von Rechtswegen noch mehr Spielraum für die Kreditvergabe.

Weiter in unserem Fallbeispiel: Wir finden jetzt einen neuen Kreditnehmer, der für den Bau einer neuen Fabrik diese Summe von 19.500.000 benötigt. Er bezahlt seine Lieferanten elektronisch, die wiederum ihre Konten bei uns haben (wir haben ja auch den Ruf besonders hohe Sicherheit für unsere Kundeneinlagen zu bieten). Der Einfachheit halber sei dies zusammengefasst als Guthaben von D. Und damit sieht unsere Bilanz so aus:

Aktiva		Passiva	
19.500.000	Forderung an C (besichert über das Pfand der neuen Fabrik)	19.500.000	Verbindlichkeit (Guthaben D)
500.000	Forderung an A (besichert über Hypothek A)	500.000	Verbindlichkeit (Guthaben B)
1.000.000	Kasse	1.000.000	EK
21.000.000		21.000.000	

Und jetzt sei Zahltag und Zeit Bilanz für unsere erste Rechnungsperiode zu ziehen:

- Wir haben in unserem Kreditgeschäft Nettozinserträge von 3% „erwirtschaftet" und damit unser Eigenkapital auf 1.600.000 vergrößert.

- Das Ergebnis entspricht einer sagenhaften Eigenkapitalrendite von 60%.

- Mit einer Eigenkapitalquote von 8% erfüllen wir exakt die aktuellen Risikoauflagen von BASEL III (Kernkapital bezogen auf Risikoaktiva – in unserer Bilanz sind das die 20.000.000 an ausstehenden Kreditforderungen).

- Mit unserer Bilanzsumme gehören wir nun endlich auch zu den großen Spielern – „too big to fail". Und so sieht unsere Abschlussbilanz aus:

Aktiva		Passiva	
19.500.000	Forderung an C (besichert über das Pfand der neuen Fabrik)	19.500.000	Verbindlich-keit (Gutha-ben D)
500.000	Forderung an A (besichert über Hypo-thek A)	500.000	Verbindlich-keit (Gutha-ben B)
600.000	Zinsertrag in Kasse	600.000	Gewinn EK
1.000.000	Kasse	1.000.000	EK
21.600.000		21.600.000	

Wie im vorherigen Kapitel angedeutet spielen Geschäftsbanken bei der Finanzierung von Staaten eine wichtige Mittlerrolle. Es sei noch einmal darauf hingewiesen, dass auch das den Staaten kreditierte Geld dem Wesen nach Buchgeld bzw. Giralgeld der Bank ist und nur eine Forderung nach Banknoten, also echtem Zentralbankgeld, darstellt. Eine Einschränkung oder sogar eine Abschaffung von diesem Bargeld – ein Thema, das seit Jahren immer wieder mit den unterschiedlichsten Argumenten propagiert wird – dürfte in dem gezeigten Kontext in einem neuen Licht erscheinen: Es ist in Wahrheit die Furcht vor dem sogenannten „Bankrun".

In jüngerer Zeit entpuppt sich ein weiteres Motiv verschiedenster Initiativen zur Abschaffung von anonymen Bargeld: Es ist die gewaltige Ausweitung von zentralisierter Kontrolle über private Lebensbereiche und Entfaltungsmöglichkeiten mittels Zahlungsverkehr und zwar über die Pseudonymisierung und Verknüpfung mit Daten über das Konsumverhalten etwa im Hinblick auf Gesundheit oder „Klimaschutz" bis hin zur angenommenen politischen Gesinnung. Dies alles unterstützt und in immer ungeheuerlicheren Umfang erst ermöglicht durch den Einsatz künstlicher Intelligenz und der vorangetriebenen Digitalisierung sämtlicher Lebensbereiche. Vor diesem Hintergrund sind die Pläne zur Einführung von CDBCs (Central Bank Digital Currencies) mit Argwohn zu betrachten.

Schlussbemerkung

Das Geld, mit dem wir täglich umgehen, es ist uns dennoch fremd. Die Unwissenheit über die beschriebenen Zusammenhänge verschleiert auch den Blick auf Ursachen gesellschaftlicher Krisen, die zum Teil in der extrem ungleichen Verteilung von Eigentum liegen, aber ganz wesentlich eben auch im Aushebeln von Marktmechanismen und verantwortungsloser Fiskalpolitik, um nicht von Korruption zu sprechen. Begriffe wie „Bürger", „gesetzliches Zahlungsmittel" oder „Buchgeld" erscheinen in diesem Lichte betrachtet auf einmal als gewaltige Machtinstrumente von Staaten, Zentral- und Geschäftsbanken.

In den meisten westlichen Gesellschaften ist zu beobachten, dass Leistungsträgern zunehmend die Früchte ihrer Arbeit genommen und als leistungslose Einkommen an die oberen und unteren Ränder der Gesellschaft transferiert werden. Hierfür sprechen sowohl Staatsquoten von bald mehr als 50% und eine immer weiterwachsende Ungleichverteilung von Vermögen. Laut Global Wealth Report 2019 der Credit Swiss besitzen 0,9% der Bevölkerung 43,9% des globalen Vermögens.

Der Vermögenstransfer geschieht nicht nur durch Steuern und Abgaben an den Wohlfahrtstaat sondern eben auch in Form von Staatsschulden (also zukünftige Steuerzahlungen), ungedeckten Exportüberschüssen, Zins und Zinseszins, Mieten und Pacht, etc. – ob direkt abgeführt oder in Waren und Dienstleistungen eingepreist.

Die immer weniger werdenden Leistungserbringer, sei es demographisch, durch Abwanderung oder sinkendes Bildungs- und Leistungsniveau begründet, haben nicht nur die versprochenen sozialen Wohltaten der Politik zu finanzieren, sondern erwirtschaften auch die leistungslosen Einkommen aus Vermögen an der Spitze.

Folge solcher Verhältnisse wird ein wirtschaftliches

Ausbluten sein und die Entsolidarisierung von sozialen Gemeinschaften. Die Aufblähung des Staates und die wachsende Abhängigkeit vom Staat kultiviert letztendlich Unmündigkeit und blinde Staatsgläubigkeit. Heute stehen wir vielleicht mehr denn je einer solchen Bedrohung für Freiheit, Würde und Frieden gegenüber. Es wird meiner Überzeugung nach auch von der Weiterentwicklung des Geldes an sich abhängen, in welcher Welt wir uns in Zukunft wiederfinden werden.

Was gilt, ist was Verträge regeln.

Und Geld von gilt her stammt.

Auch müssen wir nicht überlegen:

Was meins, was deins, wir wissen es allsamt.

Doch wenn wir dies vergessen,

dann macht es uns besessen

von diesem Stück Papier.

Schon lauern dort und hier

die Fälscher, jener Scheine,

die für die Zukunft dir versprechen,

doch immer wieder wird sich's rächen,

durch ihren Schöpfungsakt schon keime

ein wundersamer Mehrwert auf das deine.

***